My Bilingual Picture Book

Kaksikielinen kuvakirjani

Sefa's most beautiful children's stories in one volume

Ulrich Renz • Barbara Brinkmann:

Sleep Tight, Little Wolf · Nuku hyvin, pieni susi

For ages 2 and up

Cornelia Haas • Ulrich Renz:

My Most Beautiful Dream · Minun kaikista kaunein uneni

For ages 2 and up

Ulrich Renz • Marc Robitzky:

The Wild Swans · Villijoutsenet

Based on a fairy tale by Hans Christian Andersen

For ages 5 and up

© 2024 by Sefa Verlag Kirsten Bödeker, Lübeck, Germany. www.sefa-verlag.de

Special thanks to Paul Bödeker, Freiburg, Germany

All rights reserved.

ISBN: 9783756304325

Read · Listen · Understand

Translation:

Pete Savill (English)

Maria Alaoja (Finnish)

Audiobook and video:

www.sefa-bilingual.com/bonus

Password for free access:

English: **LWEN1423**

Finnish: **LWFI1518**

Good night, Tim! We'll continue searching tomorrow.
Now sleep tight!

Hyvää yötä, Tim! Jatketaan etsimistä huomenna.
Nyt nuku hyvin!

It is already dark outside.

Ulkona on jo pimeää.

What is Tim doing?

Mitä Tim tekee?

He is leaving for the playground.
What is he looking for there?

Hän on lähdössä ulos leikkikentälle.
Mitä hän sieltä etsii?

The little wolf!

He can't sleep without it.

Hänen pientä suttaan!

Ilman sitä hän ei osaa nukkua.

Who's this coming?

Kuka tuolta tulee?

Marie! She's looking for her ball.

Marie! Hän etsii palloaan.

And what is Tobi looking for?

Ja mitähän Tobi etsii?

His digger.

Hänen kaivuriaan.

And what is Nala looking for?

Ja mitä Nala etsii?

Her doll.

Hänen nukkeaan.

Don't the children have to go to bed?
The cat is rather surprised.

Eikö lasten pitäisi olla jo sängyssä?
Kissa on hyvin ihmeissään.

Who's coming now?

Ketkä nyt ovat tulossa?

Tim's mum and dad!
They can't sleep without their Tim.

Timin äiti ja isä!
He eivät osaa nukkua ilman Timiään.

More of them are coming! Marie's dad.
Tobi's grandpa. And Nala's mum.

Ja tuolta tulee vielä lisää! Marien isä.
Tobin isoisä. Ja Nalan äiti.

Now hurry to bed everyone!

Mutta nyt nopeasti sänkyyn!

Good night, Tim!
Tomorrow we won't have to search any longer.

Hyvää yötä, Tim!
Huomenna meidän ei tarvitse enää etsiä.

Sleep tight, little wolf!

Nuku hyvin, pieni susi!

Cornelia Haas • Ulrich Renz

My Most Beautiful Dream

Minun kaikista kaunein uneni

Translation:

Sefâ Jesse Konuk Agnew (English)

Janika Tuulia Konttinen (Finnish)

Audiobook and video:

www.sefa-bilingual.com/bonus

Password for free access:

English: **BDEN1423**

Finnish: **BDFI1518**

My Most Beautiful Dream
Minun kaikista kaunein uneni

Cornelia Haas · Ulrich Renz

English — bilingual — Finnish

Lulu can't fall asleep. Everyone else is dreaming already – the shark, the elephant, the little mouse, the dragon, the kangaroo, the knight, the monkey, the pilot. And the lion cub. Even the bear has trouble keeping his eyes open …

Hey bear, will you take me along into your dream?

Lulu ei pysty nukahtamaan. Kaikki muut näkevät jo unta – hai, elefantti, pieni hiiri, lohikäärme, kenguru, ritari, apina, lentäjä. Ja vauvaleijona. Myös nallen silmät painuvat jo melkein kiinni …

Hei nalle, otatko minut mukaan uneesi?

And with that, Lulu finds herself in bear dreamland. The bear catches fish in Lake Tagayumi. And Lulu wonders, who could be living up there in the trees?

When the dream is over, Lulu wants to go on another adventure. Come along, let's visit the shark! What could he be dreaming?

Ja niin jo on Lulu Nalle-Unimaassa. Nalle kalastaa Tagayumi-järvellä. Ja Lulu ihmettelee, kuka tuolla ylhäällä puissa mahtaa asua?

Kun uni päättyy, tahtoo Lulu seikkailla vielä lisää. Tule mukaan, menemme käymään hain luona! Mistä se mahtaa nähdä unta?

The shark plays tag with the fish. Finally he's got some friends! Nobody's afraid of his sharp teeth.

When the dream is over, Lulu wants to go on another adventure. Come along, let's visit the elephant! What could he be dreaming?

Hai leikkii hippaa kalojen kanssa. Vihdoinkin hänellä on ystäviä! Kukaan ei pelkää hänen teräviä hampaitaan.
Kun uni päättyy, tahtoo Lulu seikkailla vielä lisää. Tulkaa mukaan, menemme käymään elefantin luona! Mistä se mahtaa nähdä unta?

The elephant is as light as a feather and can fly! He's about to land on the celestial meadow.

When the dream is over, Lulu wants to go on another adventure. Come along, let's visit the little mouse! What could she be dreaming?

Elefantti on kevyt kuin höyhen ja pystyy lentämään! Pian se laskeutuu taivasniitylle.

Kun uni päättyy, tahtoo Lulu seikkailla vielä lisää. Tulkaa mukaan, menemme käymään pienen hiiren luona! Mistä se mahtaa nähdä unta?

The little mouse watches the fair. She likes the roller coaster best. When the dream is over, Lulu wants to go on another adventure. Come along, let's visit the dragon! What could she be dreaming?

Pieni hiiri katselee tivolia. Eniten hän pitää vuoristoradasta.
Kun uni päättyy, tahtoo Lulu seikkailla vielä lisää. Tulkaa mukaan, menemme käymään lohikäärmeen luona! Mistä se mahtaa nähdä unta?

The dragon is thirsty from spitting fire. She'd like to drink up the whole lemonade lake.

When the dream is over, Lulu wants to go on another adventure. Come along, let's visit the kangaroo! What could she be dreaming?

Lohikäärmeellä on jano tulen syöksemisestä. Mieluiten se haluaisi juoda kokonaisen limonadijärven tyhjäksi.

Kun uni päättyy, tahtoo Lulu seikkailla vielä lisää. Tulkaa mukaan, menemme käymään kengurun luona! Mistä se mahtaa nähdä unta?

The kangaroo jumps around the candy factory and fills her pouch. Even more of the blue sweets! And more lollipops! And chocolate!

When the dream is over, Lulu wants to go on another adventure. Come along, let's visit the knight! What could he be dreaming?

Kenguru hyppii läpi makeistehtaan ja ahtaa pussinsa täyteen. Vielä lisää sinisiä karkkeja! Ja lisää tikkareita! Ja suklaata!

Kun uni päättyy, tahtoo Lulu seikkailla vielä lisää. Tulkaa mukaan, menemme käymään ritarin luona! Mistä se mahtaa nähdä unta?

The knight is having a cake fight with his dream princess. Oops! The whipped cream cake has gone the wrong way!

When the dream is over, Lulu wants to go on another adventure. Come along, let's visit the monkey! What could he be dreaming?

Ritari käy kakkusotaa unelmiensa prinsessan kanssa. Ooh! Kermakakku menee ohi!

Kun uni päättyy, tahtoo Lulu seikkailla vielä lisää. Tulkaa mukaan, menemme käymään apinan luona! Mistä se mahtaa nähdä unta?

Snow has finally fallen in Monkeyland. The whole barrel of monkeys is beside itself and getting up to monkey business.
When the dream is over, Lulu wants to go on another adventure. Come along, let's visit the pilot! In which dream could he have landed?

Kerrankin apinamaassa on satanut lunta! Koko apinajoukko on riemuissaan ja pelleilee.

Kun uni päättyy, tahtoo Lulu seikkailla vielä lisää. Tulkaa mukaan, menemme käymään lentäjän luona, mihin uneen hän on mahtanut laskeutua?

The pilot flies on and on. To the ends of the earth, and even farther, right on up to the stars. No other pilot has ever managed that.
When the dream is over, everybody is very tired and doesn't feel like going on many adventures anymore. But they'd still like to visit the lion cub.
What could she be dreaming?

Lentäjä lentää ja lentää. Maailman loppuun ja vielä eteenpäin tähtiin asti. Siihen ei ole vielä kukaan toinen lentäjä pystynyt.

Kun uni päättyy, ovat kaikki jo hyvin väsyneitä, eivätkä he tahdo enää seikkailla niin paljon. Mutta vauvaleijonan luona he haluavat vielä käydä. Mistä se mahtaa nähdä unta?

The lion cub is homesick and wants to go back to the warm, cozy bed. And so do the others.

And thus begins ...

Vauvaleijonalla on koti-ikävä ja se haluaa takaisin lämpimään, pehmoiseen petiin.
Ja muut myös.

Ja siellä alkaa ...

... Lulu's
most beautiful dream.

... Lulun kaikista kaunein uni.

Ulrich Renz • Marc Robitzky

The Wild Swans

Villijoutsenet

Translation:

Ludwig Blohm, Pete Savill (English)

Janika Tuulia Konttinen (Finnish)

Audiobook and video:

www.sefa-bilingual.com/bonus

Password for free access:

English: **WSEN1423**

Finnish: **WSFI1518**

Ulrich Renz · Marc Robitzky

The Wild Swans

Villijoutsenet

Based on a fairy tale by

Hans Christian Andersen

English   bilingual   Finnish

Once upon a time there were twelve royal children – eleven brothers and one older sister, Elisa. They lived happily in a beautiful castle.

Olipa kerran kaksitoista kuninkaallista lasta—yksitoista veljestä ja yksi isosisko, Elisa. He elivät onnellisina hyvin kauniissa linnassa.

One day the mother died, and some time later the king married again. The new wife, however, was an evil witch. She turned the eleven princes into swans and sent them far away to a distant land beyond the large forest.

Eräänä päivänä äiti kuoli, ja jokin aikaa myöhemmin kuningas meni uudelleen naimisiin. Uusi vaimo oli kuitenkin paha noita. Hän taikoi yksitoista prinssiä joutseniksi ja lähetti heidät kauas pois, kaukaiseen maahan suuren metsän toisella puolella.

She dressed the girl in rags and smeared an ointment onto her face that turned her so ugly, that even her own father no longer recognized her and chased her out of the castle. Elisa ran into the dark forest.

Tytön hän puki rääsyihin ja hieroiällöttävää salvaa hänen kasvoihinsa, niin että edes oma isä ei tunnistanut häntä ja karkotti hänet linnasta. Elisa juoksi pimeään metsään.

Now she was all alone, and longed for her missing brothers from the depths of her soul. As the evening came, she made herself a bed of moss under the trees.

Nyt hän oli aivan yksin ja kaipasi koko sielustaan kadonneita veljiään. Kun ilta tuli, teki hän itselleen puiden alle pedin sammaleesta.

The next morning she came to a calm lake and was shocked when she saw her reflection in it. But once she had washed, she was the most beautiful princess under the sun.

Seuraavana aamuna hän saapui tyynelle järvelle ja säikähti, kun hän näki sen pinnassa peilikuvansa. Mutta sen jälkeen kun hän oli pessyt itsensä, hän oli kaunein kuninkaallinen lapsi auringon alla.

After many days Elisa reached the great sea. Eleven swan feathers were bobbing on the waves.

Useiden päivien jälkeen Elisa saavutti suuren meren. Aalloissa keinui yksitoista joutsenen sulkaa.

As the sun set, there was a swooshing noise in the air and eleven wild swans landed on the water. Elisa immediately recognized her enchanted brothers. They spoke swan language and because of this she could not understand them.

Kun aurinko laski, ilmassa kuului kahinaa ja yksitoista villijoutsenta laskeutui veteen. Elisa tunnisti lumotut veljensä heti. Mutta koska he puhuivat joutsenkieltä, ei hän kyennyt ymmärtämään heitä.

During the day the swans flew away, and at night the siblings snuggled up together in a cave.

One night Elisa had a strange dream: Her mother told her how she could release her brothers from the spell. She should knit shirts from stinging nettles and throw one over each of the swans. Until then, however, she was not allowed to speak a word, or else her brothers would die.
Elisa set to work immediately. Although her hands were burning as if they were on fire, she carried on knitting tirelessly.

Päiväsaikaan joutsenet lensivät pois, öisin sisarukset käpertyivät vierekkäin luolassa.

Eräänä yönä Elisa näki kummallisen unen: hänen äitinsä sanoi hänelle, kuinka hän voisi vapauttaa veljet. Hänen täytyisi kutoa nokkosesta jokaiselle joutsenelle paita ja heittää ne heidän päälleen. Siihen asti hän ei kuitenkaan saisi sanoa yhtä ainutta sanaa, muutoin hänen veljiensä täytyisi kuolla.
Elisa kävi heti työhön. Vaikka hänen kätensä polttivat kuin tuli, hän kutoi väsymättä.

One day hunting horns sounded in the distance. A prince came riding along with his entourage and he soon stood in front of her. As they looked into each other's eyes, they fell in love.

Eräänä päivänä kajahtelivat kaukana metsästystorvet. Eräs prinssi tuli ratsastaen seurueensa kanssa ja seisoi jo pian hänen edessään. Kun he kumpikin katsoivat toisiaan silmiin, rakastuivat he toisiinsa.

The prince lifted Elisa onto his horse and rode to his castle with her.

Prinssi nosti Elisan hevosensa selkään ja ratsasti hänen kanssaan linnaansa.

The mighty treasurer was anything but pleased with the arrival of the silent beauty. His own daughter was meant to become the prince's bride.

Mahtava rahastonhoitaja oli mykän kaunokaisen saapumisesta kaikkea muuta kuin iloissaan. Hänen omasta tyttärestään pitäisi tulla prinssin morsian.

Elisa had not forgotten her brothers. Every evening she continued working on the shirts. One night she went out to the cemetery to gather fresh nettles. While doing so she was secretly watched by the treasurer.

Elisa ei ollut unohtanut veljiään. Joka ilta hän jatkoi paitojen tekemistä. Eräänä yönä hän meni ulos hautausmaalle hakeakseen tuoreita nokkosia. Samalla rahastonhoitaja tarkkaili häntä salaa.

As soon as the prince was away on a hunting trip, the treasurer had Elisa thrown into the dungeon. He claimed that she was a witch who met with other witches at night.

Heti kun prinssi oli metsästysretkellä, antoi rahastonhoitaja heittää Elisan vankityrmään. Hän väitti, että Elisa olisi noita, joka tapaisi öisin muita noitia.

At dawn, Elisa was fetched by the guards. She was going to be burned to death at the marketplace.

Aamunsarasteessa hakivat vartijat Elisan. Hänet olisi määrä polttaa markkinapaikalla.

No sooner had she arrived there, when suddenly eleven white swans came flying towards her. Elisa quickly threw a shirt over each of them. Shortly thereafter all her brothers stood before her in human form. Only the smallest, whose shirt had not been quite finished, still had a wing in place of one arm.

Hän oli tuskin saapunut sinne, kun yhtäkkiä yksitoista valkoista joutsenta tulivat lentäen. Nopeasti Elisa heitti jokaisen päälle nokkospaidan. Pian seisoivat kaikki hänen veljensä ihmishahmossa hänen edessään. Vain pienin, jonka paita ei ollut tullut aivan valmiiksi, säilytti yhden käsivarren sijaan siiven.

The siblings' joyous hugging and kissing hadn't yet finished as the prince returned. At last Elisa could explain everything to him. The prince had the evil treasurer thrown into the dungeon. And after that the wedding was celebrated for seven days.

And they all lived happily ever after.

Sisarusten syleily ja suukottelu ei ollut vielä saanut loppua, kun prinssi palasi takaisin. Lopultakin Elisa pystyi kertomaan hänelle kaiken. Prinssi antoi heittää pahan rahastonhoitajan vankityrmään. Ja sitten juhlittiin häitä seitsemän päivän ajan.

Ja he elivät onnellisina elämänsä loppuun saakka.

Hans Christian Andersen

Hans Christian Andersen was born in the Danish city of Odense in 1805, and died in 1875 in Copenhagen. He gained world fame with his literary fairy-tales such as „The Little Mermaid", „The Emperor's New Clothes" and „The Ugly Duckling". The tale at hand, „The Wild Swans", was first published in 1838. It has been translated into more than one hundred languages and adapted for a wide range of media including theater, film and musical.

Barbara Brinkmann was born in Munich in 1969 and grew up in the foothills of the Bavarian Alps. She studied architecture in Munich and is currently a research associate in the Department of Architecture at the Technical University of Munich. She also works as a freelance graphic designer, illustrator, and author.

Cornelia Haas has been illustrating childrens' and adolescents' books since 2001. She was born near Augsburg, Germany, in 1972. She studied design at the Münster University of Applied Sciences and is currently a professor on the faculty of Münster University of Applied Sciences teaching illustration.

Marc Robitzky, born in 1973, studied at the Technical School of Art in Hamburg and the Academy of Visual Arts in Frankfurt. He works as a freelance illustrator and communication designer in Aschaffenburg (Germany).

Ulrich Renz was born in Stuttgart, Germany, in 1960. After studying French literature in Paris he graduated from medical school in Lübeck and worked as head of a scientific publishing company. He is now a writer of non-fiction books as well as children's fiction books.

Do you like drawing?

Here are the pictures from the story to color in:

www.sefa-bilingual.com/coloring

www.ingramcontent.com/pod-product-compliance
Lightning Source LLC
LaVergne TN
LVHW070447080526
838202LV00035B/2765